AF391362

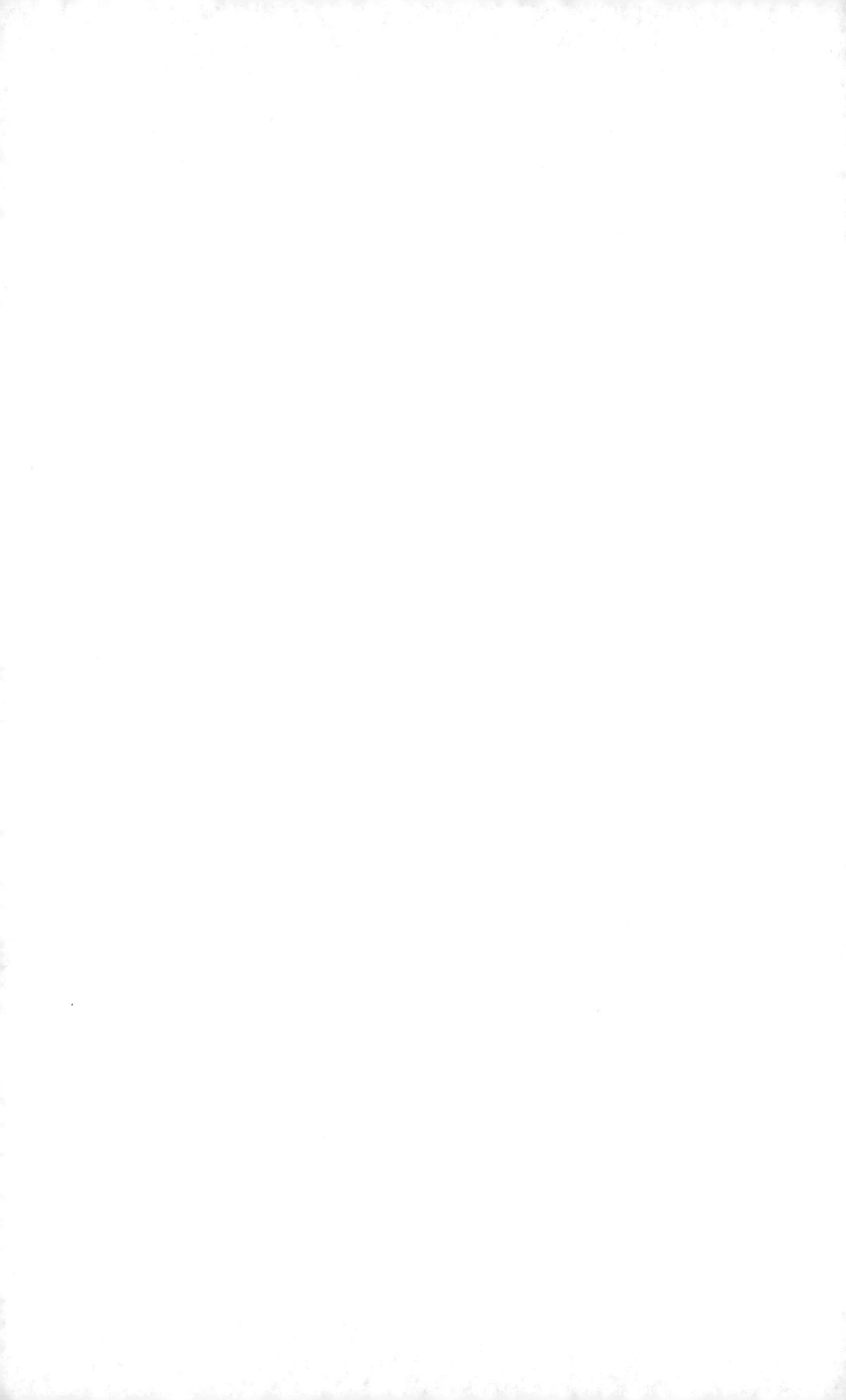

Vente du Vendredi 27 Avril 1877

HOTEL DROUOT, SALLE N° 2

A DEUX HEURES

Après décès de M. le comte d'I.

BELLES PORCELAINES

De la Chine, du Japon et de Sèvres

OBJETS D'ART

TABLEAUX

EXPOSITION PUBLIQUE : le Jeudi 26 Avril 1877

<table>
<tr><td>M° Maurice DELESTRE</td><td>M. Charles GEORGE</td></tr>
<tr><td>COMMISSre-PRISEUR</td><td>EXPERT</td></tr>
<tr><td>rue Drouot, n° 27</td><td>rue Laffitte, n° 12</td></tr>
</table>

PARIS — 1877

Vve RENOU, MAULDE et COCK

IMPRIMEURS DE LA COMPAGNIE DES COMMISSAIRES-PRISEURS

Rue de Rivoli, 144.

CATALOGUE

DES

PORCELAINES ANCIENNES

DE LA CHINE ET DU JAPON

Vases, Brûle-Parfums, Coupes, Potiches, Cornets, Figurines, Plats, Assiettes

JOLIES PIÉCES AVEC MONTURES EN BRONZE

DU TEMPS DE LOUIS XVI

PORCELAINES DE SÈVRES

PATE TENDRE

Beau Cabaret solitaire, Tasses, Beurrier, Porcelaines
de Saxe, etc.

OBJETS D'ART

Émaux, Plaque de Pierre RAYMOND, Ivoire, Pendule Louis XVI, Candélabres
Chenets, Appliques, Salières Louis XVI en argent, etc.

TABLEAUX ANCIENS ET PEINTURES DÉCORATIVES

TAPISSERIES D'AUBUSSON

DONT LA VENTE AURA LIEU

Après décès de M. le Comte d'I.

HOTEL DROUOT, SALLE N° 2

Le Vendredi 27 Avril 1877

A DEUX HEURES

Mᵉ **MAURICE DELESTRE**, Commissaire-Priseur, rue Drouot, 27,
successeur de M. DELBERGUE-CORMONT,
Assisté de **M. CH. GEORGE,** Expert, rue Laffitte, 12.

EXPOSITION PUBLIQUE

LE JEUDI 26 AVRIL 1877

PARIS — 1877

CONDITIONS DE LA VENTE

———

Elle sera faite expressément au comptant.

Les Acquéreurs payeront CINQ POUR CENT, en sus des enchères, applicables aux frais de la vente.

L'Exposition mettant le Public à même de se rendre compte des Objets, aucune réclamation ne sera admise après l'adjudication.

DÉSIGNATION

ANCIENNES PORCELAINES

DE CHINE ET DU JAPON

1 — Beau Vase (Brûle-Parfums) à deux anses, têtes
d'éléphants, la trompe relevée; il est décoré
d'oiseaux, fleurs et feuillages sur fond blanc et
de bandes d'ornements rehaussés d'or sur fond
rouge. Le couvercle, surmonté de fruits en relief,
est relié au vase par un cercle en bronze repercé
à jour. Le socle, également en bronze ciselé et
doré, est à quatre pieds consoles. Cette monture
date de l'époque Louis XVI.

2 — Paire de Cornets en ancienne porcelaine de Chine,
décorés de branchages et fleurs réservés en blanc
sur fond rouge; le milieu des vases présente un
anneau renflé, émaillé vert. Ancienne monture
en bronze ciselé et doré.

3 — Deux Vases, de forme sphérique, fond gros bleu
uni. Monture rocaille en bronze doré, avec anses
formées d'animaux chimériques.

4 — Paire de grands Cornets, à huit pans, en ancienne
porcelaine du Japon, décor bleu, rouge et or, à
personnages, fleurs et branchages. Haut. 62 c.

5 — Autre paire de Cornets en ancienne porcelaine du
Japon, à médaillons d'oiseaux. Haut. 60 c.

6 — Deux Vases (Brûle-Parfums), à couvercles, en
ancienne porcelaine du Japon, décorés de grosses
fleurs et de rosaces en couleur à rehauts d'or et
d'arabesques tracées en bleu. Monture Louis XVI
en bronze ciselé et doré.

7 — Deux Coupes, riche décor, à personnages et émaux
verts, en ancienne porcelaine de Chine. Monture
en bronze ciselé et doré, à anneaux mobiles;
socles à trois pieds griffons.

8 — Deux Coupes, plus petites, en porcelaine céladon
gaufré vert d'eau. Monture en bronze ciselé et
doré, pieds à griffes et têtes de lions ailés.

9 — Deux belles Potiches octogonales en ancienne porcelaine du Japon, décorées sur chaque pan d'un
bouquet de fleurs dans un vase. Les boutons des
couvercles sont percés à jour et dorés.

10 — Deux jolies Tasses en vieux Japon, de décor bleu,
avec ornements à jour. Elles sont accompagnées
de leurs soucoupes. Monture en vermeil, à deux
anse.

11 — Vase, forme pot à tabac, décoré de fleurs et branchages réservés en blanc sur fond bleu.

12 — Grande Lampe montée sur vase, forme balustre, en ancienne porcelaine du Japon, décorée de médaillons à paysages et de fleurs en bleu, rouge et or.

13 — Vase en ancienne porcelaine de la Chine, décoré de fleurs en émaux de couleur sur fond blanc. Monture en bronze ciselé et doré.

14 — Deux Coupes en ancienne porcelaine de la Chine, fond bleu lapis à rehauts d'or. Monture en bronze ciselé et doré, à anneaux mobiles.

15 — Deux Groupes en vieux Chine : Enfants montés sur des buffles couchés. Ces groupes sont placés sur des tabourets à coussins, glands et pieds cannelés en bronze ciselé et doré, de l'époque Louis XVI.

16 — Deux Figurines : Chinois assis, en terre émaillée; socles Louis XVI en bronze ciselé et doré.

17 — Figurine de Mendiant chinois, sur ancien socle en bronze ciselé et doré.

18 — Deux Assiettes, de même décor, en ancienne porcelaine de Chine, à fond gaufré, décorées au centre d'un vase de fleurs et d'une guirlande sur le marli.

19 — Quinze Assiettes, de même décor, en vieux Chine.

20 — Huit Assiettes analogues aux précédentes.

21 — Vingt et une Assiettes et deux Compotiers.

22 — Bol en vieux Chine, décoré intérieurement d'un lambrequin à fleurs en émaux de couleurs; et, à l'extérieur, de fleurs dans des médaillons sur fond chocolat.

23 — Bol en vieux Japon, bleu, rouge et or.

24 — Deux Plats ronds, à bords festonnés, en vieux Japon bleu, rouge et or.

25 — Quatre Compotiers, bleu, rouge et or; de même décor.

26 — Trois autres Compotiers, dont deux de même décor.

27 — Trois Plats ronds en Japon bleu.

28 — Deux Plats à côtes, de même décor, en Japon bleu.

29 — Deux Compotiers en Japon, de même décor, branchages et fleurs.

30 — Deux Assiettes en Japon bleu, riche décor.

31 — Vingt-neuf Assiettes et Compotiers en Japon bleu.

ANCIENNES PORCELAINES

DE SÈVRES, DE SAXE, ETC.

32 — Cabaret solitaire en ancienne porcelaine de Sèvres,
pâte tendre (1769), fond bleu de roi ; décor à médaillons d'oiseaux encadrés de feuillages d'or. Il
se compose d'un plateau ovale, une tasse et sa
soucoupe, un pot à crème et un petit sucrier.
Il porte la marque de Alonde, décorateur : **N.**

33 — Tasse droite et sa Soucoupe en ancienne porcelaine
de Sèvres, pâte tendre, décorée de figures chi-
noises, oiseaux, kiosques et branchages en or,
sur fond bleu lapis clair. Marque L. G. (Le Guay).

34 — Petit Beurrier, à deux anses, en porcelaine tendre
de Chantilly ; décor à fleurs.

35 — Tasse et Soucoupe en vieux Sèvres, pâte tendre ;
décor à fleurs.

36 — Deux Vases en ancienne porcelaine de Saxe, en-
tourés de branchages et de cerises en relief et
ornés de figurines d'Amours moissonneurs.

37 — Tête-à-Tête en porcelaine à la reine, décoré de fleu-
rettes d'or sur fond blanc : Plateau carré, deux
Tasses et Soucoupes, Cafetière, Pot à crème et
Sucrier.

38 — Buste de Louis XVII en biscuit de Sèvres, sur pié-
douche, émaillé gros bleu.

Donné par la famille royale à Mme la duchesse de Tourzel.

39 — Douze Assiettes en ancienne porcelaine de Saxe, décorées de fleurs; bordure gaufrée à vannerie.

40 — Six Assiettes en ancienne porcelaine de Saxe, à fleurs; bordure à imbrications bleues.

41 — Deux Vases en porcelaine dorée, et décorés de figures peintes d'après Téniers.

42 — Onze Pièces : Tasses, Théières, Sucriers.

43 — Deux Vide-Poches, à lobes, en ancienne porcelaine d'Allemagne.

43 *bis* — Oiseau sur branchages, auprès d'un petit vase en ancienne porcelaine de Chantilly.

OBJETS D'ART

44 — ÉMAIL DE LIMOGES. Belle Plaque de Pierre Raymond, signée de ses initiales et datée 1541. Elle représente la Mère de douleurs, entourée de sept petits médaillons en grisaille : 1° la Circoncision; 2° la Fuite en Égypte; 3° Jésus au milieu des docteurs; 4° la Montée au calvaire; 5° le Christ en croix; 6° la Déposition; 7° la Mise au tombeau.

45 — ÉMAIL DE LIMOGES. Petite Coupe à six lobes, ornée, à l'intérieur, d'une figure d'*Hercule*, et signée des initiales de Jean Laudin.

46 à 48 — Six Salières ovales en argent, époque Louis XVI.

49 — IVOIRE. Bas-relief représentant saint Martin. Travail du xviie siècle.

50 — Quatre Salières ovales, sur pied, en cuivre argenté.

51 — Quatre Salières en émail de Saxe.

BRONZES, MEUBLES, OBJETS DIVERS

52 — Jolie Pendule du temps de Louis XVI en bronze ciselé et doré, ornée de deux figures : Vénus et l'Amour. Le cadran, au nom de Lepaute, à Paris.

53 — Petite Pendule, du temps de Louis XIV, en marqueterie de cuivre sur écaille.

54 — Un Socle de Pendule, même époque.

55 — Pendule Louis XV et sa Console en corne verte, garnie d'ornements rocaille en bronze ; le cadran au nom de Perrin, horloger du roy, à Metz.

56 — Paire de Candélabres Empire, à cinq lumières ; bronze et dorure.

57 — Paire de Chenets rocaille en bronze doré.

58 — Suspension en bronze, avec Lampe Carcel.

59 — Pendule-Borne en bronze et dorure, ornée d'une figure d'Homère en bas-relief.

60 — **LIONS.** Deux Presse-Papiers en bronze.

61 — Deux Flambeaux en bronze doré.

62 — **VERRERIE.** Sous ce numéro, divers Objets : Verre d'eau, Soucoupes, Bobèches, etc.

63 — Sous ce numéro, divers Objets et Ustensiles de bureau; petits bronzes.

64 — Deux Meubles d'entre-deux en marqueterie de cuivre sur écaille, avec ornements en bronze; dessus en marbre noir.

65 — Un lot de Tapisseries à la main, Siéges et Bandes.

66 — Plusieurs Costumes de pairs de France, brodés d'or; Épaulettes d'officier, Sabres de cavalerie.

67 — Petite Tasse en cristal taillé, à facettes, avec monture argent doré.

68 — Trois Tapis.

69 — Service en porcelaine.

70 — Ruolz.

71 — Deux Appliques Louis XVI en bronze ciselé et doré (Elles sont incomplètes).

72 — Une petite Cafetière en argent, deux Boîtes argent, un Flacon à odeurs, une Lorgnette et deux petits Plats.

TABLEAUX

73 — **Albane**. L'Enlèvement d'Europe.

74 — **Baroche**. Le Baptême du Christ.

75 — **Coypel** (A.). Persée et Andromède.

76 — **Desportes** (Attribué à). Chien et Canards.

77 — **Forget** (Signé P.). Deux Paysages dans la manière de Bruandet.

78 — **Greuze** (D'après). La petite Fille au chien.

79 — **Le Barbier**. Henri IV et Gabrielle.

Signé Le Barbier l'aîné, 1814.

80 — **Ronmy**. Paysage italien, avec figures et animaux.

Signé et daté 1828.

81 — **Rubens** (École de). L'Adoration des Mages.

82 — **Raphaël** (D'après). Suite de vingt-cinq Peintures sur cuivre, d'après les fresques des Loges. Cadres en chêne, modèle à perles et feuilles d'eau sculptées et dorées.

Ce numéro pourra être divisé.

83 — Deux Gouaches italiennes, sur traits imprimés : les Noces de Psyché et le Festin des Dieux.

84 — **École hollandaise**. La Partie de cartes.

85 — **École italienne**. Sainte Famille.

86 — Plusieurs Gravures sous ce numéro.

QUATRE TOILES DÉCORATIVES

DE L'ÉCOLE FRANÇAISE

87 — Les Saisons.

H. 1 m. 90. L. 1 m. 50.

TAPISSERIE D'AUBUSSON

88 — Deux Panneaux en tapisserie moderne d'Aubusson,
à vases, corbeilles et guirlandes de fleurs sur
fond blanc, avec entourages d'ornements à dessins
rouges sur fond plus foncé.

H. 3 m. L. 1 m. 70.

89 — Quatre petits Panneaux en même tapisserie.

H. 3 m. L. 1 m. 10.

90 — Quatre Rideaux en même tapisserie.

H. 3 m. 80. L. 1 m. 20.

Ves RENOU, MAULDE et COCK, imprs de la Compagnie des Commissaires-Priseurs,
rue de Rivoli, 144.   7348